LA RENOMMÉE.

BIOGRAPHIE GÉNÉRALE DES DÉPUTÉS.

NOTICE

SUR

M. LEBEUF,

RÉGENT DE LA BANQUE DE FRANCE,

DÉPUTÉ,

De Fontainebleau (Seine-et-Marne).

PARIS.

Aux Bureaux de LA RENOMMÉE,

Biographie générale, Revue Littéraire,

RUE NOTRE-DAME-DES-VICTOIRES, 14,

Et à tous les Dépôts de Publications.

JUIN 1842.

Paris. — Imp. de C. BAJAT, r. Montmartre, 131.

NOTICE

SUR

M. LEBEUF.

M. LEBEUF.

Beaucoup d'hommes d'un mérite reconnu s'obstinent tellement à se soustraire aux honneurs de la célébrité, que l'œil le plus observateur ne saurait pénétrer au-delà des murs de leur existence. Est-ce crainte ou modestie? Dans le premier cas, nous concevons chez eux cette réserve qui l'emporte sur l'orgueil d'occuper le monde de leurs actions. La vie la plus pure est presque toujours calomniée ; l'envie en dénature les plus beaux faits, et tel nom sans tache est le point de mire de tous les déclamateurs. Cependant, n'y a-t-il pas du courage à affronter les traits de la critique, quand la conscience est sans reproche ? La malveillance a beau accueillir les mensonges qui se débitent sur l'un et l'autre, tôt ou tard la vérité se fait jour, — comme le soleil à travers les nuages,—et justice est rendue à l'homme méconnu. Dans le second cas, nous croyons que c'est mal comprendre la modestie que de se retrancher derrière elle pour priver ses semblables de bons exemples à suivre. Le peuple a besoin d'enseignements ; et il ne peut les puiser, avec fruit, que dans la vie des citoyens vertueux, car l'émulation est le plus fort levier, à l'aide duquel on puisse faire de grandes et nobles choses. Ainsi donc, nous ne reconnaissons pas aux hommes d'élite le droit de ne confier qu'à quelques privilégiés le secret de leur existence, féconde en hautes et profitables leçons.

Et quand il peut en saisir quelques lambeaux épars, l'historien se croit autorisé, dans l'intérêt de tous, à les livrer à la publicité. Tant pis pour la modestie de celui qui, un jour et à son insu, se réveille dans une maison de verre, où le biographe, magicien indiscret, l'a tout à coup transporté.

Cependant la tâche de ce dernier reste bien incomplète, hélas ! Manquant de point de départ, il lui faut brusquement entamer son sujet et prendre son héros presque au milieu de sa carrière. Enfin, la vie publique, qui n'a souvent qu'une phase très courte, est seule, — comme le corps, — visible à ses regards; tandis que la vie privée, impalpable comme l'âme, échappe impitoyablement à son appréciation.

Il en est ainsi de M. Lebeuf, dont nous allons tracer succinctement la biographie. Entièrement privé de renseignements sur ses premières années, nous restons, néanmoins, dans les termes de nos promesses, en livrant au public son existence politique.

M. Lebeuf (Louis), banquier et régent de la Banque de France, est né en 1790.

Doué d'une aptitude particulière pour les opérations financières, il se trouva bientôt a la tête d'une fortune colossale; et vraiment, il faut que la science des chiffres et le jargon de la Bourse soient choses bien subtiles, qu'on voie si peu de gens les comprendre assez pour fixer l'inconstante Déesse dans leurs foyers. Toujours est-il que M. Lebeuf, devenu l'une des sommités de la finance, fut nommé régent de la Banque de France et put acquérir la fameuse manufacture de porcelaine de

Fontainebleau, — riche et grandiose établissement, où la curiosité amène, de toutes parts, un grand nombre de visiteurs, et qui fait vivre tout un monde d'ouvriers. Et certes, ce n'est pas, selon nous, le moindre sujet d'éloge à lui faire, que l'heureux emploi de ses richesses. A entendre quelques raisonneurs sans jugement, une riche aumône, pompeusement faite, est une œuvre pieuse et louable, est un titre à la reconnaissance ; ils ne voient pas, — ces pauvres d'esprit, — que la vanité seule a guidé la main du bienfaiteur, et surtout ils ne savent pas qu'une petite aumône mille fois répétée porte plus de fruits qu'une seule, faite à un seul. Et puis, l'aumône est-elle un bien? Non, elle ne soulage que passagèrement. La véritable philanthropie consiste d'abord à épargner à ses semblables la honte d'accepter des dons qu'ils n'ont pas mérités, ensuite de les mettre à même d'acquérir l'aisance et le bonheur par le travail. Voilà,— non pas l'aumône, dont nous n'admettons pas l'utilité, — mais le bienfait dans son acception la plus digne et la plus noble ; et c'est ainsi que le comprend également M. Lebeuf.

En raison des occupations actives que lui suggérait le soin de sa maison de banque, et aussi, se tenant en garde contre l'ambition qui s'empare ordinairement des hommes auxquels leur position

sociale donne le droit de prétendre à tout, M. Lebeuf resta longtemps sans se mêler aux affaires du
pays.

Ce n'est qu'à l'âge de 47 ans que, vaincu par les
sollicitations de ses amis, cédant peut-être à l'orgueil bien naturel que devait lui inspirer le suf-
frage des électeurs, il consentit à prendre part aux
luttes parlementaires. En cette circonstance même,
il fit encore preuve d'abnégation et de modestie,
car il n'accepta pas le mandat de ses commettants
pour aspirer à des triomphes de tribune, pour
jouer un rôle brillant dans les régions élevées de
la politique extérieure. Il se renferma dans les
limites d'une mission désintéressée. En un mot, le
financier, le riche industriel fit place au représen-
tant fidèle à sa profession de foi, et heureux de
ne monter sur la brèche que pour justifier la con-
fiance des électeurs, en abordant les questions dont
ils attendaient un profit direct et immédiat.

Élu, pour la première fois, le 7 novembre 1857,
par le collége de Fontainebleau (Seine-et-Marne),
M. Lebeuf, dont les capacités en matière de chiffres étaient appréciées, fit partie de différentes
commissions dans lesquelles il apporta le tribut de
ses connaissances spéciales et le fruit de son ex-
périence.

Il rédigea le rapport de la commission chargée

d'examiner deux projets de loi d'intérêt local : l'un, tendant à autoriser le département de Seine-et-Marne à s'imposer trois centimes additionnels au principal des quatre contributions directes, pendant quatre années à partir de 1859, pour couvrir la dépense occasionnée par le classement de six nouvelles routes départementales (24 février 1858); l'autre, ayant aussi pour but d'autoriser la ville de Vannes à contracter un emprunt de 50,000 fr. pour la construction d'un abattoir public. M. Le beuf cita, à l'appui du projet, la décision du conseil municipal de Vannes, en date du 29 novembre, et qui avait été approuvée par le ministre de l'intérieur, et la proposition d'un projet de loi sur cet objet, faite pour la session de 1857 (séance du 14 mars).

Le 29 mars, il se mêla à la discussion soulevée par la loi sur les faillites et banqueroutes, et soutint l'amendement de M. Wustenberg, ainsi conçu : « A l'égard des effets de commerce pour lesquels le failli se trouvera être l'un des obligés, ceux des autres obligés, dont la signature suivra celle du failli, seront tenus de donner caution pour le paiement à l'échéance, s'ils n'aiment mieux payer immédiatement. »

Nommé de nouveau rapporteur de la commission à laquelle avait été renvoyé l'examen de plusieurs projets de loi d'intérêt local, il s'acquitta de sa tâche avec conscience et lucidité. Il fit, entre autres, adopter celui qui tendait à prolonger de trois années l'imposition extraordinaire de trois centimes sur les contributions foncières du département d'Eure-et-Loire, dans le but de subvenir aux dépenses qu'exigeait l'entretien des routes (10 mai); celui qui autorisait le département de la Loire-Inférieure à contracter un emprunt de 960,000 fr. pour les frais de six routes départementales, et se montant à 1,155,750 fr.; enfin, un troisième projet, par lequel le département de la Sarthe était autorisé à emprunter 500,000 fr. pour l'achèvement de treize chemins vicinaux de grande communication (6 juin).

Le 12 mai, il parla sur la pétition des huissiers de l'arrondissement de Coulommiers, et combattit, dans la séance du 21, l'amendement de M. Chasles au projet de loi tendant à autoriser la ville de Chartres à emprunter.

Organe de la commission des pétitions, il fit ordonner le renvoi aux ministres des finances et du commerce, de quatre pétitions, adressées par les filateurs de cocons de Sumine, de Vallerangues, du Vigan et d'Alais, qui réclamaient contre l'énormité du droit de patente dont ils étaient grevés (19 juin).

M. Lebeuf fut réélu par le même collége, le 5 mars 1859, et fut encore nommé rapporteur de la commission chargée d'examiner les pétitions. Il appela spécialement l'attention de la Chambre sur un projet de loi présenté par le Sieur Greslé, sur les sociétés industrielles et sur la pétition du sieur Renou, commissaire de police de Lyon, et qui soumettait des observations sur le mode de régler les pensions de retraite des commissaires de police. M. Lebeuf entra, à ce sujet, dans quelques considérations pleines de justesse. Les commissaires de police, nommés par le gouvernement, sont payés cependant par la localité à laquelle ils appartiennent. Le conseil municipal ne compte leurs années de service que du jour où ils commencent leurs fonctions dans un arrondissement. En faisant ressortir l'incertitude dans laquelle les laissait cet état de choses, M. Lebeuf obtint le renvoi de la pétition au ministre (séance du 18 mai).

Le 50 mai, il présenta à la Chambre, conjointement avec M. Muret de Bort, une proposition relative à la vente à l'encan des marchandises neuves ; déposa une pétition de plusieurs commerçants de Fontainebleau, pour la refonte des monnaies de billon (5 juin), et une autre, relative à des modifications à apporter à la loi du 28 juin 1855 sur l'instruction primaire, (19 juin).

Le 20 juin, il fit renvoyer au ministre des finances, la pétition des Sieurs Worms de Metz, Fichel de Paris et Schottemann de Bouxwiller, qui proposaient divers projets pour la conversion des rentes, et fit prononcer l'ordre du jour sur celle du Sieur Lachaise de Lyon, qui priait la Chambre de faciliter le droit de pétition, et de lui conserver l'importance que la Charte a voulu y attacher.

Le 25 juin, il prit part à la discussion du projet de loi relatif aux crédits supplémentaires 1838-1839, et des exercices clos ; à celle du budget du commerce (15 juillet), et défendit la pétition des délégués de l'industrie cotonnière des départements de l'Est. Ces derniers présentaient à la Chambre diverses réclamations, contre les droits qui frappent les cotons en laine, et contre le taux du drawback sur les filés, tissus de coton écrus et blancs, et indiennes.

Cette pétition, modifiée par la commission, fut renvoyée aux ministres des finances et du commerce (séance du 26 juillet).

Dans la session de 1840, M. Lebeuf fut de nouveau chargé, en mainte occasion, du rapport de la commission des pétitions ; il se mêla à la discussion du projet de loi sur les tribunaux de commerce, auquel il proposa un amendemment (23 janvier) ; à celle du budget des dépenses de 1841 (3 juin) ; du budget des recettes (19 juin), et du projet relatif au travail des enfants dans les manufactures, question qu'il traita en connaissance de cause, et sur laquelle il jeta beaucoup de lumière (24 décembre).

En 1841, il se fit remarquer par la justesse de ses vues, lors des débats soulevés par le projet de loi sur les douanes (8 et 15 février), et par celui relatif aux ventes à l'encan des marchandises neuves, amendé par la Chambre des pairs (7 avril).

Comme on le voit, M. Lebeuf n'est point un homme de tribune; il n'a aucune prétention aux succès oratoires; il leur préfère la modeste supériorité qui le distingue au sein des commissions. Ami du système conservateur, autant par position, il faut bien l'avouer, que par conviction, il est aussi du progrès; fidèle au gouvernement, sans cependant adopter exclusivement toutes les mesures ministérielles, il sert avec zèle et probité les intérêts de ses mandants, sans avoir jamais rien à demander pour lui, et c'est un mérite que n'ont pas un grand nombre de ses collègues.

A. B

Paris. — Imprimerie de C. BAJAT, rue Montmartre, 131.